50 Recetas de Panes del Mundo

Por: Kelly Johnson

Table of Contents

- Baguette (Francia)
- Pan de masa madre (Internacional)
- Ciabatta (Italia)
- Focaccia (Italia)
- Pan de pita (Medio Oriente)
- Naan (India)
- Pan chapati (India)
- Roti (Asia del Sur)
- Pan brioche (Francia)
- Pan de maíz (Estados Unidos)
- Pan de centeno (Alemania)
- Pretzel (Alemania)
- Pan de soda (Irlanda)
- Pan lavash (Armenia)
- Pan injera (Etiopía)
- Pan bao (China)
- Mantou (China)

- Pan de elote (México)
- Bolillo (México)
- Pan campesino (España)
- Pan gallego (España)
- Panettone (Italia)
- Rosca de reyes (México/España)
- Pandesal (Filipinas)
- Pan de coco (Caribe)
- Pan de yuca (Sudamérica)
- Pan arepa (Venezuela/Colombia)
- Pan de queso (Brasil)
- Pan de muerto (México)
- Pan hallulla (Chile)
- Pan trenza (Suiza)
- Pan de plátano (Internacional)
- Pan de zanahoria (Internacional)
- Pan vienés (Austria)
- Pan de leche (Japón)
- Anpan (Japón)

- Pan de hot cross buns (Reino Unido)
- Pan naan con ajo (India)
- Pan crujiente finlandés (Finlandia)
- Pan lefse (Noruega)
- Pan simit (Turquía)
- Pan khachapuri (Georgia)
- Pan bastón (Argentina)
- Pan broa (Portugal)
- Pan tigre (Países Bajos)
- Pan banh mi (Vietnam)
- Pan zopf (Suiza)
- Pan paratha (India)
- Pan kulcha (India)
- Pan challah (Israel)

Baguette (Francia)

Ingredientes:

- 500 g de harina de trigo (panificable)
- 350 ml de agua
- 10 g de sal
- 5 g de levadura seca (o 15 g de levadura fresca)

Instrucciones:

1. Mezcla la harina, el agua y la levadura hasta formar una masa homogénea. Añade la sal al final.
2. Amasa durante 10-15 minutos hasta que esté suave y elástica.
3. Cubre y deja reposar la masa durante 1 hora (fermentación en bloque).
4. Divide la masa en 3 porciones, forma cilindros alargados y déjalos reposar 20 minutos.
5. Da forma a las baguettes, colócalas sobre una bandeja con papel encerado o lino enharinado.
6. Deja fermentar 1 hora más.
7. Haz cortes diagonales en la superficie con una cuchilla afilada.
8. Hornea a 230 °C durante 20-25 minutos con vapor los primeros 10 minutos.
9. Enfría sobre una rejilla.

Pan de masa madre (Internacional)

Ingredientes:

- 500 g de harina de trigo
- 375 ml de agua
- 100 g de masa madre activa
- 10 g de sal

Instrucciones:

1. Mezcla la harina y el agua. Deja reposar 30 minutos (autólisis).
2. Añade la masa madre y la sal. Amasa hasta integrar bien.
3. Realiza pliegues cada 30 minutos durante 2 horas.
4. Cubre y deja fermentar durante 4 a 6 horas, hasta que doble su tamaño.
5. Da forma al pan y colócalo en un banetón o bol enharinado.
6. Refrigera durante la noche (fermentación en frío).
7. Precalienta el horno a 250 °C con una olla de hierro fundido.
8. Coloca el pan en la olla, haz un corte superficial y hornea tapado 20 minutos.
9. Destapa y hornea 20 minutos más hasta que esté dorado.
10. Deja enfriar completamente antes de cortar.

Ciabatta (Italia)

Ingredientes:

- 500 g de harina de trigo (fuerza)
- 400 ml de agua
- 10 g de sal
- 5 g de levadura seca (o 15 g fresca)
- 20 ml de aceite de oliva

Instrucciones:

1. Disuelve la levadura en agua tibia.
2. Mezcla con la harina y el aceite. Añade la sal al final.
3. Amasa suavemente, la masa será muy pegajosa.
4. Deja reposar tapada durante 1 hora.
5. Haz 2 o 3 pliegues con las manos húmedas.
6. Fermenta 1 hora más.
7. Vuelca la masa sobre una superficie bien enharinada y divide en rectángulos.
8. Transfiere con cuidado a una bandeja de horno.
9. Deja fermentar 30 minutos más.
10. Hornea a 220 °C durante 20-25 minutos hasta que esté crujiente y dorado.

Focaccia (Italia)

Ingredientes:

- 500 g de harina de trigo
- 350 ml de agua
- 7 g de levadura seca (o 20 g fresca)
- 10 g de sal
- 50 ml de aceite de oliva (más extra para rociar)
- Romero, aceitunas, sal gruesa (al gusto)

Instrucciones:

1. Mezcla la harina, el agua, la levadura y el aceite.
2. Amasa hasta que esté suave. Añade la sal al final.
3. Cubre y deja fermentar durante 1-2 horas.
4. Estira la masa en una bandeja engrasada.
5. Cubre y deja reposar 30 minutos.
6. Haz hoyuelos con los dedos, añade más aceite de oliva, sal gruesa, romero o aceitunas.
7. Fermenta 30 minutos más.
8. Hornea a 220 °C durante 20-25 minutos hasta que esté dorada.
9. Deja enfriar ligeramente antes de servir.

Pan de pita (Medio Oriente)

Ingredientes:

- 500 g de harina de trigo
- 300 ml de agua
- 7 g de levadura seca (o 20 g fresca)
- 10 g de sal
- 1 cucharada de aceite de oliva

Instrucciones:

1. Mezcla todos los ingredientes hasta formar una masa suave.
2. Amasa durante 10 minutos y deja reposar 1 hora hasta que duplique su tamaño.
3. Divide la masa en 8 porciones y forma bolas.
4. Estira cada bola en forma de disco de unos 5 mm de grosor.
5. Deja reposar 15 minutos cubiertos.
6. Hornea en horno muy caliente (250 °C) durante 4-5 minutos hasta que inflen.
7. Retira y deja enfriar cubiertos con un paño para mantener su suavidad.

Naan (India)

Ingredientes:

- 500 g de harina de trigo
- 200 ml de yogur natural
- 100 ml de agua
- 7 g de levadura seca
- 1 cucharadita de azúcar
- 1 cucharadita de sal
- 2 cucharadas de aceite o ghee
- Mantequilla derretida (para pincelar)

Instrucciones:

1. Mezcla la levadura con el azúcar y agua tibia. Deja reposar 10 minutos.
2. Añade la harina, yogur, aceite y sal. Amasa hasta formar una masa suave.
3. Deja fermentar 1 hora.
4. Divide la masa en 8 partes y estira en forma ovalada.
5. Cocina en sartén caliente sin aceite, 1-2 minutos por lado hasta que burbujee y dore.
6. Pincela con mantequilla derretida al servir.

Pan chapati (India)

Ingredientes:

- 250 g de harina integral (atta)
- 150 ml de agua (aproximadamente)
- 1/2 cucharadita de sal

Instrucciones:

1. Mezcla la harina y la sal. Añade el agua poco a poco hasta formar una masa suave.
2. Amasa durante 5-10 minutos.
3. Deja reposar 30 minutos cubierta.
4. Divide la masa en bolitas y estíralas en círculos finos.
5. Cocina en una sartén caliente sin aceite, 30 segundos por lado. Presiona para que infle.
6. Sirve caliente.

Roti (Asia del Sur)

Ingredientes:

- 250 g de harina integral
- 150 ml de agua
- 1 cucharada de aceite (opcional)
- 1/2 cucharadita de sal

Instrucciones:

1. Mezcla todos los ingredientes hasta obtener una masa blanda.
2. Amasa durante 8-10 minutos.
3. Cubre y deja reposar 30 minutos.
4. Divide la masa y estira en discos delgados.
5. Cocina en sartén caliente 1-2 minutos por lado, hasta que aparezcan manchas doradas.
6. Sirve caliente, ideal con curry o legumbres.

Pan brioche (Francia)

Ingredientes:

- 500 g de harina
- 5 huevos
- 100 ml de leche
- 70 g de azúcar
- 10 g de sal
- 20 g de levadura fresca (o 7 g seca)
- 200 g de mantequilla blanda

Instrucciones:

1. Mezcla la harina, azúcar, sal y levadura. Agrega los huevos y la leche.
2. Amasa hasta integrar, luego añade la mantequilla poco a poco.
3. Amasa hasta lograr una masa lisa y elástica.
4. Cubre y deja reposar 1-2 horas.
5. Refrigera toda la noche.
6. Forma bollos o pan en molde. Deja fermentar 1-2 horas más.
7. Barniza con huevo batido.
8. Hornea a 180 °C durante 25-30 minutos hasta dorado.

Pan de maíz (Estados Unidos)

Ingredientes:

- 200 g de harina de maíz
- 150 g de harina de trigo
- 2 huevos
- 250 ml de leche
- 50 g de mantequilla derretida
- 1 cucharada de azúcar
- 1 cucharadita de sal
- 1 cucharadita de polvo de hornear

Instrucciones:

1. Precalienta el horno a 200 °C.
2. Mezcla los ingredientes secos en un bol.
3. Añade los ingredientes líquidos y mezcla hasta integrar.
4. Vierte en un molde engrasado.
5. Hornea durante 20-25 minutos hasta que al insertar un palillo salga limpio.

Pan de centeno (Alemania)

Ingredientes:

- 300 g de harina de centeno
- 200 g de harina de trigo
- 10 g de sal
- 350 ml de agua
- 10 g de levadura fresca (o 3 g seca)
- 1 cucharadita de miel o azúcar (opcional)

Instrucciones:

1. Disuelve la levadura y la miel en agua tibia.
2. Añade las harinas y la sal. Mezcla hasta obtener una masa pegajosa.
3. Deja fermentar 1 hora.
4. Transfiere a un molde o da forma rústica.
5. Fermenta 1 hora más.
6. Hornea a 220 °C durante 30-40 minutos hasta que suene hueco al golpear la base.

Pretzel (Alemania)

Ingredientes:

- 500 g de harina de trigo
- 250 ml de agua
- 7 g de levadura seca
- 10 g de sal
- 1 cucharadita de azúcar
- 40 g de mantequilla
- 1 litro de agua + 2 cucharadas de bicarbonato (para hervir)
- Sal gruesa (para decorar)

Instrucciones:

1. Mezcla la harina, levadura, azúcar y sal. Agrega agua y mantequilla.
2. Amasa hasta que esté suave. Fermenta 1 hora.
3. Divide la masa y forma los pretzels.
4. Hierve el agua con bicarbonato y sumerge cada pretzel 30 segundos.
5. Coloca en bandeja, espolvorea sal gruesa.
6. Hornea a 220 °C por 12-15 minutos hasta dorados.

Pan de soda (Irlanda)

Ingredientes:

- 400 g de harina de trigo
- 100 g de harina integral (opcional)
- 1 cucharadita de bicarbonato de sodio
- 1 cucharadita de sal
- 400 ml de suero de leche (o leche con 1 cucharada de vinagre o limón)

Instrucciones:

1. Precalienta el horno a 200 °C.
2. Mezcla los ingredientes secos.
3. Añade el suero de leche y mezcla rápidamente.
4. Forma una bola y aplasta ligeramente. Haz una cruz en la parte superior.
5. Hornea 30-40 minutos hasta que suene hueco al golpear.
6. Enfría sobre rejilla.

Pan lavash (Armenia)

Ingredientes:

- 500 g de harina de trigo
- 250 ml de agua
- 1 cucharadita de sal
- 1 cucharada de aceite de oliva
- 1/2 cucharadita de levadura seca (opcional)

Instrucciones:

1. Mezcla todos los ingredientes hasta obtener una masa firme.
2. Amasa durante 10 minutos y deja reposar 30-60 minutos.
3. Divide en porciones pequeñas y estira en láminas muy delgadas.
4. Cocina en una plancha o sartén caliente sin aceite, 1-2 minutos por lado.
5. Apila y cubre con un paño para que se mantenga flexible.

Pan injera (Etiopía)

Ingredientes:

- 300 g de harina de teff (o mezcla con trigo sarraceno o harina integral)
- 500 ml de agua
- Sal al gusto

Instrucciones:

1. Mezcla la harina con el agua hasta obtener una masa líquida.
2. Deja fermentar tapado a temperatura ambiente durante 1-3 días, hasta que burbujee.
3. Añade sal y mezcla.
4. Cocina como un panqueque en sartén antiadherente sin aceite: solo por un lado, hasta que se formen agujeros en la superficie.
5. Sirve tibio como base para platos etíopes.

Pan bao (China)

Ingredientes:

- 400 g de harina de trigo
- 200 ml de agua
- 7 g de levadura seca
- 50 g de azúcar
- 2 cucharadas de aceite
- 1 cucharadita de sal
- (opcional) Relleno de carne o vegetales

Instrucciones:

1. Disuelve la levadura y azúcar en el agua tibia.
2. Añade la harina, sal y aceite. Amasa hasta que esté suave.
3. Deja fermentar 1 hora.
4. Divide y forma bolitas. Agrega el relleno si se desea.
5. Deja reposar 30 minutos.
6. Cocina al vapor durante 10-15 minutos sobre papel encerado.

Mantou (China)

Ingredientes:

- 400 g de harina
- 200 ml de agua
- 7 g de levadura seca
- 2 cucharadas de azúcar
- 1 cucharada de aceite (opcional)
- 1 pizca de sal

Instrucciones:

1. Mezcla todos los ingredientes hasta formar una masa suave.
2. Amasa durante 10 minutos y deja fermentar 1 hora.
3. Forma rollitos o bolitas.
4. Coloca sobre papel encerado y deja reposar 30 minutos.
5. Cocina al vapor durante 10-12 minutos.

Pan de elote (México)

Ingredientes:

- 2 tazas de granos de elote (pueden ser frescos o enlatados escurridos)
- 1 taza de harina de trigo
- 1/2 taza de azúcar
- 1/2 taza de mantequilla derretida
- 1 cucharadita de polvo de hornear
- 1/2 taza de leche
- 3 huevos
- 1 pizca de sal

Instrucciones:

1. Precalienta el horno a 180 °C.
2. Licúa los granos de elote con la leche.
3. Mezcla con el resto de los ingredientes hasta integrar.
4. Vierte en un molde engrasado.
5. Hornea 35-40 minutos hasta dorado y cocido por dentro.

Bolillo (México)

Ingredientes:

- 500 g de harina de trigo
- 300 ml de agua
- 7 g de levadura seca
- 10 g de sal
- 1 cucharada de azúcar

Instrucciones:

1. Mezcla la levadura con el azúcar y el agua tibia. Deja reposar 10 minutos.
2. Añade la harina y la sal. Amasa hasta formar una masa elástica.
3. Fermenta 1 hora.
4. Divide y forma los bolillos.
5. Haz un corte en el centro y deja fermentar 45 minutos.
6. Hornea a 220 °C durante 20-25 minutos hasta que estén dorados.

Pan campesino (España)

Ingredientes:

- 500 g de harina de trigo
- 350 ml de agua
- 10 g de sal
- 5 g de levadura seca
- 1 cucharada de aceite de oliva (opcional)

Instrucciones:

1. Mezcla los ingredientes y amasa hasta que esté elástica.
2. Deja reposar 1 hora hasta que doble su tamaño.
3. Forma una bola o barra rústica.
4. Fermenta 1 hora más.
5. Haz un corte en la superficie y hornea a 220 °C durante 30-40 minutos.
6. Deja enfriar sobre rejilla.

Pan gallego (España)

Ingredientes:

- 400 g de harina de trigo blanca
- 100 g de harina integral
- 350 ml de agua
- 10 g de sal
- 5 g de levadura seca

Instrucciones:

1. Mezcla las harinas, sal y levadura. Agrega el agua.
2. Amasa y deja reposar 1 hora.
3. Da forma al pan (puede ser redondo o tipo hogaza).
4. Deja fermentar 1 hora más.
5. Haz cortes en la superficie.
6. Hornea a 220 °C con vapor durante 35-40 minutos.

Panettone (Italia)

Ingredientes:

- 500 g de harina de fuerza
- 100 g de azúcar
- 100 g de mantequilla
- 4 huevos
- 15 g de levadura fresca
- 100 ml de leche
- 1 cucharadita de esencia de vainilla
- Ralladura de limón o naranja
- 200 g de frutas confitadas y pasas
- 1 pizca de sal

Instrucciones:

1. Disuelve la levadura en leche tibia.
2. Mezcla con la harina, azúcar, huevos, vainilla, ralladura y sal.
3. Añade la mantequilla y amasa hasta integrar.
4. Incorpora las frutas confitadas y pasas.
5. Fermenta 2 horas.
6. Coloca en un molde alto tipo panettone.

7. Deja fermentar hasta que llegue al borde.

8. Hornea a 180 °C durante 40-45 minutos. Si se dora demasiado, cúbrelo con papel aluminio.

9. Deja enfriar boca abajo si es posible para evitar que se hunda.

Rosca de Reyes (México/España)

Ingredientes para la masa:

- 500 g de harina de trigo
- 100 g de azúcar
- 2 huevos
- 100 ml de leche
- 100 g de mantequilla
- 10 g de levadura seca
- 1 cucharadita de sal
- Ralladura de naranja y/o limón
- 1 cucharadita de esencia de vainilla

Decoración:

- Frutas cristalizadas
- Higos, cerezas, ate (dulce de fruta)
- Huevo batido (para barnizar)
- Azúcar al gusto
- Muñequitos pequeños de plástico (opcional, se introducen después del horneado)

Instrucciones:

1. Mezcla la levadura con leche tibia y una cucharada de azúcar. Deja reposar 10 minutos.

2. Amasa con el resto de los ingredientes hasta lograr una masa elástica.

3. Deja fermentar 1.5 a 2 horas.

4. Forma una rosca (tipo dona grande), coloca en charola y deja reposar 1 hora más.

5. Barniza con huevo, decora con frutas y azúcar.

6. Hornea a 180 °C durante 30–35 minutos.

7. Deja enfriar y coloca los muñequitos dentro si se desea.

Pandesal (Filipinas)

Ingredientes:

- 500 g de harina de trigo
- 100 g de azúcar
- 7 g de levadura seca
- 1 cucharadita de sal
- 250 ml de leche tibia
- 1 huevo
- 50 g de mantequilla derretida
- Pan rallado (para cubrir)

Instrucciones:

1. Mezcla la levadura con leche y azúcar. Reposa 10 minutos.
2. Agrega el huevo, mantequilla y harina con sal.
3. Amasa hasta formar una masa suave.
4. Fermenta 1 hora.
5. Forma cilindros, corta en piezas pequeñas y cúbrelas con pan rallado.
6. Deja fermentar 30 minutos.
7. Hornea a 180 °C durante 15–20 minutos.

Pan de coco (Caribe)

Ingredientes:

- 500 g de harina de trigo
- 1 taza de leche de coco
- 1 huevo
- 50 g de azúcar
- 50 g de mantequilla
- 7 g de levadura seca
- 1 cucharadita de sal
- Coco rallado (opcional para decorar)

Instrucciones:

1. Mezcla la levadura con leche de coco tibia y azúcar.
2. Añade huevo, mantequilla, harina y sal. Amasa hasta integrar.
3. Fermenta 1 hora.
4. Forma bollitos o panecillos y deja reposar 30 minutos más.
5. Pincela con leche o huevo, espolvorea coco si deseas.
6. Hornea a 180 °C durante 20–25 minutos.

Pan de yuca (Sudamérica)

Ingredientes:

- 250 g de almidón de yuca (fécula de tapioca)
- 150 g de queso fresco rallado (puede usarse mozzarella o costeño)
- 1 huevo
- 50 ml de leche
- 1 cucharadita de polvo de hornear
- 1 pizca de sal

Instrucciones:

1. Mezcla todos los ingredientes hasta formar una masa suave.
2. Forma bolitas o bastones.
3. Hornea a 180 °C durante 15–20 minutos hasta que doren levemente.
4. Servir calientes.

Arepas (Venezuela/Colombia)

Ingredientes:

- 2 tazas de harina precocida de maíz (como Harina PAN)
- 2 ½ tazas de agua
- 1 cucharadita de sal
- 1 cucharada de aceite (opcional)

Instrucciones:

1. Disuelve la sal en el agua. Agrega la harina poco a poco mezclando.
2. Amasa hasta que no haya grumos y tenga consistencia suave.
3. Forma discos de 1 cm de grosor.
4. Cocina en sartén caliente sin aceite, 5–7 minutos por lado, hasta dorar.
5. También puedes hornearlas después, si lo deseas.

Pan de queso (Brasil)

Ingredientes:

- 250 g de almidón de tapioca (dulce o agrio)
- 100 ml de leche
- 50 ml de aceite vegetal
- 1 huevo
- 150 g de queso rallado (tipo parmesano, mozzarella o mezcla)
- 1 pizca de sal

Instrucciones:

1. Calienta la leche con el aceite hasta hervir.
2. Vierte sobre el almidón y mezcla.
3. Agrega el huevo, el queso y amasa.
4. Forma bolitas pequeñas.
5. Hornea a 180 °C durante 20–25 minutos hasta dorar levemente.

Pan de muerto (México)

Ingredientes:

- 500 g de harina de trigo
- 100 g de azúcar
- 100 g de mantequilla
- 2 huevos + 1 yema
- 10 g de levadura seca
- 1/2 taza de leche tibia
- Ralladura de naranja
- 1 cucharadita de sal
- Azúcar y mantequilla (para decorar)

Instrucciones:

1. Disuelve la levadura en leche con una cucharadita de azúcar. Reposa 10 minutos.
2. Mezcla con los huevos, harina, azúcar, sal, mantequilla y ralladura. Amasa.
3. Fermenta 1.5 horas.
4. Separa una porción para formar los "huesos".
5. Da forma al pan, adorna con los huesitos y una bolita al centro.
6. Reposa 45 minutos.
7. Hornea a 180 °C por 30 minutos.

8. Pincela con mantequilla derretida y espolvorea azúcar.

Pan hallulla (Chile)

Ingredientes:

- 500 g de harina
- 1 cucharadita de sal
- 100 g de manteca o mantequilla
- 250 ml de agua tibia
- 5 g de levadura seca
- 1 cucharadita de azúcar
- 1 huevo (para pincelar)

Instrucciones:

1. Mezcla la levadura con agua tibia y azúcar. Reposa 10 minutos.
2. Añade la harina, sal, manteca y mezcla. Amasa bien.
3. Deja reposar 1 hora.
4. Estira la masa de 1 cm de grosor. Corta círculos grandes.
5. Pínchalos con tenedor.
6. Deja reposar 20 minutos.
7. Barniza con huevo batido.
8. Hornea a 200 °C durante 15–20 minutos hasta dorados.

Pan trenza (Suiza)

Ingredientes:

- 500 g de harina de trigo
- 1 cucharadita de sal
- 1 huevo
- 250 ml de leche tibia
- 75 g de mantequilla derretida
- 7 g de levadura seca
- 1 cucharada de azúcar
- 1 huevo adicional para barnizar

Instrucciones:

1. Disuelve la levadura y el azúcar en la leche tibia.
2. Agrega huevo, mantequilla y harina con sal. Amasa hasta que esté suave.
3. Deja reposar 1 hora.
4. Divide en 2 o 3 partes, haz tiras y trénzalas.
5. Reposa 30 minutos más.
6. Barniza con huevo.
7. Hornea a 180 °C durante 25–30 minutos.

Pan de plátano (Internacional)

Ingredientes:

- 2-3 plátanos maduros
- 250 g de harina de trigo
- 2 huevos
- 100 g de azúcar
- 100 g de mantequilla derretida
- 1 cucharadita de polvo de hornear
- 1/2 cucharadita de bicarbonato de sodio
- 1 pizca de sal
- 1 cucharadita de esencia de vainilla

Instrucciones:

1. Machaca los plátanos. Mezcla con huevos, mantequilla y vainilla.
2. Incorpora los ingredientes secos.
3. Vierte en un molde engrasado.
4. Hornea a 180 °C durante 50-60 minutos.
5. Deja enfriar antes de cortar.

Pan de zanahoria (Internacional)

Ingredientes:

- 200 g de zanahoria rallada
- 250 g de harina
- 100 g de azúcar morena
- 2 huevos
- 80 ml de aceite vegetal
- 1 cucharadita de canela
- 1 cucharadita de polvo de hornear
- 1 pizca de sal
- Opcional: nueces, pasas

Instrucciones:

1. Mezcla huevos, aceite y azúcar.
2. Incorpora harina, sal, canela y polvo de hornear.
3. Agrega zanahoria rallada y los extras opcionales.
4. Hornea a 180 °C por 45–55 minutos.

Pan vienés (Austria)

Ingredientes:

- 500 g de harina
- 10 g de levadura seca
- 1 cucharada de azúcar
- 1 cucharadita de sal
- 250 ml de leche
- 50 g de mantequilla
- 1 huevo

Instrucciones:

1. Mezcla la levadura con leche tibia y azúcar.
2. Incorpora los demás ingredientes y amasa.
3. Fermenta 1 hora.
4. Forma barras largas, deja reposar 30 min.
5. Haz cortes diagonales.
6. Hornea a 190 °C durante 25–30 minutos.

Pan de leche (Japón)

Ingredientes:

- 350 g de harina de fuerza
- 50 g de azúcar
- 5 g de sal
- 7 g de levadura seca
- 200 ml de leche tibia
- 30 g de mantequilla
- 1 huevo

Instrucciones:

1. Mezcla los ingredientes y amasa hasta lograr una masa suave.
2. Fermenta 1 hora.
3. Forma bollos o un pan entero en molde.
4. Reposa 30 minutos.
5. Barniza con leche o huevo.
6. Hornea a 180 °C por 25 minutos.

Anpan (Japón)

Ingredientes:

- 300 g de harina de trigo
- 5 g de sal
- 30 g de azúcar
- 5 g de levadura seca
- 180 ml de leche
- 30 g de mantequilla
- Pasta de anko (pasta de frijol rojo dulce)

Instrucciones:

1. Mezcla los ingredientes y amasa.
2. Fermenta 1 hora.
3. Forma bollitos, rellénalos con anko.
4. Reposa 30 minutos.
5. Barniza con huevo.
6. Hornea a 180 °C durante 15–18 minutos.

Hot Cross Buns (Reino Unido)

Ingredientes:

- 500 g de harina
- 75 g de azúcar
- 10 g de levadura seca
- 1 cucharadita de canela
- 1/2 cucharadita de nuez moscada
- 1 huevo
- 250 ml de leche tibia
- 75 g de mantequilla
- 100 g de pasas o frutas secas
- Para la cruz: mezcla de harina y agua
- Glaseado: azúcar y agua

Instrucciones:

1. Mezcla y amasa todos los ingredientes excepto las frutas.
2. Agrega las frutas al final.
3. Fermenta 1 hora.
4. Forma bollitos. Deja reposar.
5. Haz cruces con la mezcla de harina.

6. Hornea a 180 °C por 20–25 minutos.

7. Glasea con almíbar caliente al sacar.

Naan con ajo (India)

Ingredientes:

- 300 g de harina
- 100 ml de yogur natural
- 1 cucharadita de levadura seca
- 1/2 cucharadita de sal
- 1 cucharadita de azúcar
- 100 ml de agua tibia
- 1–2 dientes de ajo picados
- Mantequilla derretida y cilantro para servir

Instrucciones:

1. Mezcla levadura, azúcar y agua. Deja reposar.
2. Agrega harina, sal, yogur y ajo. Amasa.
3. Fermenta 1 hora.
4. Divide en bolas, estira.
5. Cocina en sartén muy caliente sin aceite hasta que infle.
6. Pincela con mantequilla y espolvorea cilantro.

Pan crujiente finlandés (Finnish Crispbread)

Ingredientes:

- 200 g de harina de centeno
- 100 g de harina de trigo
- 1 cucharadita de sal
- 1 cucharadita de levadura seca
- 150 ml de agua tibia
- Semillas (comino, sésamo o linaza) opcional

Instrucciones:

1. Mezcla todos los ingredientes hasta obtener una masa firme.
2. Reposa 30 minutos.
3. Estira muy fino, corta círculos y pincha con tenedor.
4. Hornea a 200 °C por 10–15 minutos hasta que estén crujientes.
5. Deja enfriar y guarda en lugar seco.

Pan lefse (Noruega)

Ingredientes:

- 500 g de papas cocidas y machacadas
- 200 g de harina
- 50 g de mantequilla
- 1 cucharadita de sal

Instrucciones:

1. Mezcla las papas tibias con mantequilla, sal y harina.
2. Forma una masa suave.
3. Divide en porciones y estira como tortillas finas.
4. Cocina en plancha caliente sin grasa, 1–2 minutos por lado.
5. Servir con mantequilla y azúcar, o rellenos salados.

Pan simit (Turquía)

Ingredientes:

- 500 g de harina de trigo
- 7 g de levadura seca
- 1 cucharadita de sal
- 1 cucharada de azúcar
- 300 ml de agua tibia
- 2 cucharadas de aceite vegetal
- 4 cucharadas de melaza (o miel diluida)
- Semillas de sésamo tostadas (abundantes)

Instrucciones:

1. Disuelve la levadura y el azúcar en agua tibia. Deja reposar 10 minutos.
2. Agrega harina, sal y aceite. Amasa hasta obtener una masa suave.
3. Reposa durante 1 hora o hasta que doble su tamaño.
4. Divide en 8 porciones, haz tiras largas y forma aros.
5. Mezcla melaza con un poco de agua. Sumerge los aros y luego pásalos por semillas de sésamo.
6. Coloca en bandeja con papel. Reposa 20 minutos.
7. Hornea a 200 °C por 15–20 minutos o hasta dorar.

Pan khachapuri (Georgia)

Ingredientes para la masa:

- 300 g de harina
- 1/2 cucharadita de sal
- 1 cucharadita de azúcar
- 7 g de levadura seca
- 150 ml de agua tibia
- 2 cucharadas de yogur
- 2 cucharadas de aceite

Para el relleno:

- 200 g de queso feta o sulguni desmenuzado
- 100 g de mozzarella
- 1 huevo por pan (opcional, para servir en el centro)

Instrucciones:

1. Mezcla ingredientes secos. Agrega agua, yogur y aceite. Amasa.
2. Reposa 1 hora.
3. Divide la masa en 2. Estira en forma ovalada con bordes enrollados para contener el relleno.
4. Rellena con los quesos.

5. Hornea a 200 °C por 12–15 minutos.

6. Opcional: rompe un huevo en el centro y hornea 5 minutos más.

7. Sirve caliente con mantequilla encima.

Pan bastón (Argentina)

Ingredientes:

- 500 g de harina 000
- 10 g de sal
- 10 g de levadura fresca (o 5 g seca)
- 300 ml de agua tibia
- 1 cucharadita de azúcar
- 20 g de grasa bovina o manteca (opcional)

Instrucciones:

1. Disuelve la levadura y el azúcar en agua tibia.
2. Incorpora harina, sal y grasa. Amasa hasta que esté suave.
3. Deja reposar por 1 hora.
4. Divide en 3 o 4 porciones y forma bastones largos.
5. Reposa 30 minutos. Haz cortes diagonales.
6. Hornea a 220 °C por 20–25 minutos, con un recipiente de agua en el horno para vapor.

Pan broa (Portugal)

Ingredientes:

- 300 g de harina de maíz
- 200 g de harina de trigo
- 7 g de levadura seca
- 1 cucharadita de sal
- 1 cucharada de miel
- 300 ml de agua tibia

Instrucciones:

1. Disuelve la levadura y miel en el agua.
2. Mezcla las harinas y la sal.
3. Añade el líquido y amasa bien. La masa debe quedar suave pero firme.
4. Reposa tapado durante 1 hora.
5. Forma una hogaza redonda.
6. Deja reposar 30 minutos más.
7. Hornea a 200 °C por 35–40 minutos.

Pan tigre (Países Bajos)

Ingredientes para la masa:

- 500 g de harina de trigo
- 7 g de levadura seca
- 1 cucharadita de azúcar
- 1 cucharadita de sal
- 250 ml de agua tibia
- 30 g de mantequilla

Para la cobertura "tigre":

- 100 g de harina de arroz
- 1 cucharadita de azúcar
- 1/2 cucharadita de sal
- 1 cucharadita de levadura seca
- 100 ml de agua tibia
- 1 cucharada de aceite de sésamo o vegetal

Instrucciones:

1. Prepara la masa mezclando los ingredientes y amasando bien. Deja fermentar 1 hora.
2. Forma bollos u hogazas pequeñas.

3. Prepara la cobertura: mezcla todos los ingredientes hasta obtener una pasta espesa.

4. Pinta los panes con la mezcla.

5. Reposa 30 minutos.

6. Hornea a 200 °C por 25–30 minutos. La corteza se cuarteará al hornear, formando el efecto "tigre".

Pan Bánh Mì (Vietnam)

Ingredientes:

- 500 g de harina de trigo (panificable)
- 7 g de levadura seca
- 1 cucharada de azúcar
- 1 cucharadita de sal
- 300 ml de agua tibia
- 1 cucharada de vinagre de arroz (opcional, para acidez ligera)
- 30 g de manteca o aceite vegetal

Instrucciones:

1. Disuelve la levadura y el azúcar en agua tibia. Reposa 10 minutos.
2. Añade el vinagre, sal, manteca y harina. Amasa por 10 minutos hasta lograr una masa suave.
3. Reposa 1 hora.
4. Divide en porciones y forma baguettes pequeñas.
5. Deja reposar 30 minutos más.
6. Haz cortes diagonales con cuchillo afilado.
7. Hornea a 220 °C durante 15–20 minutos con vapor (coloca un recipiente con agua en el horno).
8. El pan debe quedar crujiente por fuera y suave por dentro.

Pan Zopf (Suiza)

Ingredientes:

- 500 g de harina
- 1 cucharadita de sal
- 1 cucharada de azúcar
- 1 huevo
- 250 ml de leche tibia
- 75 g de mantequilla blanda
- 7 g de levadura seca
- 1 huevo adicional para barnizar

Instrucciones:

1. Mezcla la levadura con leche y azúcar.
2. Agrega el huevo, mantequilla, harina y sal. Amasa hasta que esté suave.
3. Reposa 1 hora.
4. Divide la masa en dos tiras largas y trenza.
5. Coloca en bandeja y deja fermentar 30 minutos.
6. Barniza con huevo batido.
7. Hornea a 180 °C durante 30 minutos o hasta que esté dorado.

Pan Paratha (India)

Ingredientes:

- 300 g de harina de trigo integral (atta)
- 1 cucharadita de sal
- 2 cucharadas de aceite o ghee
- Agua tibia (aprox. 150 ml)
- Ghee o aceite para cocinar

Instrucciones:

1. Mezcla la harina, sal y aceite. Agrega agua poco a poco hasta formar una masa suave.
2. Amasa 5–10 minutos y deja reposar 30 minutos.
3. Divide en bolas. Estira cada una, úntala con ghee, dóblala y vuelve a estirar (opcional: en espiral para capas).
4. Cocina en sartén caliente con ghee o aceite, dorando ambos lados.
5. Sirve caliente.

Pan Kulcha (India)

Ingredientes:

- 300 g de harina
- 100 ml de yogur natural
- 1/2 cucharadita de levadura seca o bicarbonato
- 1 cucharadita de azúcar
- 1/2 cucharadita de sal
- Agua tibia (aprox. 100 ml)
- Cilantro fresco y cebolla picada (opcional para cubrir)

Instrucciones:

1. Mezcla la levadura con azúcar y un poco de agua.
2. Agrega a la harina con el yogur, sal y agua restante. Amasa.
3. Deja reposar la masa por 1 hora.
4. Divide en porciones, estira como naan y espolvorea con cilantro o cebolla si deseas.
5. Cocina en sartén caliente o tandoor.
6. Pincela con mantequilla al servir.

Pan Challah (Israel)

Ingredientes:

- 500 g de harina
- 2 cucharaditas de sal
- 50 g de azúcar
- 2 huevos
- 7 g de levadura seca
- 200 ml de agua tibia
- 50 ml de aceite vegetal
- 1 huevo adicional para barnizar
- Semillas de sésamo o amapola (opcional)

Instrucciones:

1. Disuelve la levadura y azúcar en el agua tibia.
2. Añade huevos, aceite, harina y sal. Amasa hasta obtener una masa suave.
3. Reposa 1–2 horas.
4. Divide en tiras y haz una trenza (puede ser de 3 o 6 hebras).
5. Coloca en bandeja, reposa 30 minutos.
6. Barniza con huevo y espolvorea semillas.
7. Hornea a 180 °C por 25–30 minutos.